Mango une marque de Fleurus Éditions
www.fleuruseditions.com

Émilie Chrétien

# Craquez pour les terrines !

## Salées, sucrées, d'hier et d'aujourd'hui

Photos : Régis Baudonnet

MANGO

# Sommaire

# Préface

• Toutes les recettes de ce livre sont pour des terrines de 1 kg (8 à 10 personnes). En fonction de la taille de la terrine utilisée, vous pourrez bien sûr adapter les proportions.

• Pour réaliser vos terrines, utilisez idéalement un moule en porcelaine avec un couvercle. Sinon, des bocaux en verre avec couvercle ou un moule à cake recouvert hermétiquement d'une feuille d'aluminium conviennent également.

• Pour hacher la viande, le mieux est d'utiliser un hachoir manuel (ne vous servez pas d'un mixeur qui réduirait votre viande en bouillie). Coupez la viande en petits morceaux avant de la hacher.

• Pour que vos préparations se démoulent facilement, pensez à beurrer les moules lorsque vos terrines doivent cuire ou à les tapisser de film alimentaire lorsque les terrines ne nécessitent pas de cuisson.

• Les terrines de viandes peuvent se conserver 1 semaine au réfrigérateur ; celles de poissons, de légumes ou sucrées doivent être consommées dans les 2 à 3 jours. Vous pouvez aussi les réaliser dans des bocaux en verre et les stériliser comme des conserves, ce qui vous permettra de les garder plus longtemps.

• La gélatine peut être remplacée par de l'agar-agar (6 feuilles de gélatine = 1 cuillerée à café d'agar-agar, à dissoudre dans un liquide chaud).

• Selon la saison et les ingrédients que vous avez dans vos placards, n'hésitez pas à personnaliser les recettes !

Émilie Chrétien

# Terrine de lapin

**Préparation**
25 minutes (la veille)
+ 1 nuit de marinade
+ 48 heures au réfrigérateur

**Cuisson**
2 heures

**Ingrédients pour 1 terrine de 1 kg**
450 g de lapin désossé
350 g de gorge de porc
150 g de lardons
2 carottes
1 oignon
100 g de noisettes décortiquées
25 cl de vin blanc
3 cuillerées à soupe de rhum
Beurre pour la terrine
2 cuillerées à café de sel
1 cuillerée à café de poivre du moulin

/ La veille, pelez et émincez finement les carottes et l'oignon.
/ Coupez le lapin en petits morceaux.
/ Dans un saladier, mélangez les morceaux de lapin avec l'oignon, les carottes, le vin blanc et le rhum. Salez et poivrez. Laissez mariner toute la nuit au réfrigérateur.
/ Le jour même, préchauffez le four à 180 °C (th. 6).
/ Hachez la gorge de porc. Ajoutez-la à la marinade avec les lardons et les noisettes concassées. Mélangez bien le tout.
/ Déposez la préparation dans une terrine beurrée. Mettez le couvercle et placez la terrine dans un plat au bain-marie. Enfournez et faites cuire pendant 2 heures.
/ Laissez refroidir la terrine puis réservez-la 48 heures au réfrigérateur avant de la déguster.

**Bon à savoir !**
*Servez cette terrine avec un bon pain de campagne. Vous pouvez la réaliser dans des terrines individuelles, faites-les alors cuire 45 minutes.*

# Terrine de foie gras

**Préparation**
35 minutes (la veille)
+ 24 heures au réfrigérateur

**Cuisson**
35 minutes

**Ingrédients pour 1 terrine de 1 kg**
1 foie gras frais de canard de 600 g
1 cuillerée à soupe de cognac
½ cuillerée à soupe de porto
Beurre pour la terrine
1 pincée de sucre semoule
2 cuillerées à soupe de sel
1 cuillerée à soupe de poivre du moulin

/ La veille, préchauffez le four à 150 °C (th. 5) avec un plat de bain-marie pouvant accueillir la terrine.

/ Séparez les deux lobes du foie gras. Avec la pointe d'un couteau, soulevez les veines et retirez-les délicatement.

/ Dans un bol, mélangez le sel et le poivre puis enduisez chaque côté des lobes de ce mélange. Placez les lobes dans une terrine beurrée. Arrosez de cognac et de porto.

/ Couvrez la terrine et placez-la dans le plat de bain-marie, au four. Laissez cuire 35 minutes environ.

/ Sortez la terrine du four. Versez la graisse dans un saladier (appuyez un peu sur le foie pour faire sortir la graisse) et laissez-la refroidir. Posez une planchette sur le foie avec un poids (ou une boîte de conserve) par-dessus pour que le gras remonte à la surface.

/ Mixez la graisse avec la pincée de sucre, puis étalez-la sur le foie gras.

/ Laissez refroidir la terrine puis réservez-la 24 heures au réfrigérateur avant de la déguster.

**Bon à savoir !**
*Si vous aimez le sucré-salé, cette terrine est délicieuse avec du pain d'épices ou du chutney de figues.*

# Pain de viande

Préparation
20 minutes
+ 5 heures au réfrigérateur

Cuisson
5 minutes

Ingrédients pour 1 terrine de 1 kg
900 g de viande de bœuf hachée
1 bouquet de persil
4 feuilles de gélatine
100 g de sauce tomate
2 cuillerées à soupe de sauce Worcestershire
1 cuillerée à café de Tabasco®
1 cuillerée à soupe d'huile d'olive
2 cuillerées à café de sel
1 cuillerée à soupe de poivre du moulin

/ Faites ramollir la gélatine dans un bol d'eau froide pendant 10 minutes.
/ Lavez et ciselez le persil.
/ Dans une poêle, faites revenir la viande avec l'huile d'olive 5 minutes à feu vif. Ajoutez le persil, la sauce tomate, le Tabasco®, la sauce Worcestershire, le sel et le poivre.
/ Incorporez la gélatine essorée au contenu de la poêle et mélangez jusqu'à complète dissolution.
/ Déposez la préparation dans une terrine chemisée de film alimentaire et laissez reposer le pain de viande 5 heures au réfrigérateur avant de le déguster.

**Bon à savoir !**
*Servez cette terrine accompagnée d'une salade verte assaisonnée d'une vinaigrette au miel et de petites sauces ketchup ou aux herbes (voir recettes à la fin du livre).*

# Terrine de veau aux olives et à l'armagnac

Préparation
40 minutes (la veille)
+ 24 heures au réfrigérateur

Cuisson
1 h 30

Ingrédients pour 1 terrine de 1 kg
1 kg de veau (épaule)
100 g d'olives vertes dénoyautées
4 anchois
4 œufs
125 g de crème épaisse
25 cl d'armagnac
Beurre pour la terrine
1 cuillerée à soupe d'huile d'olive
1 cuillerée à café de poivre du moulin

/ La veille, préchauffez le four à 180 °C (th. 6).

/ Coupez le veau en petits morceaux.

/ Dans une cocotte, faites revenir les morceaux de veau 5 minutes environ à feu vif dans l'huile d'olive afin qu'ils soient bien dorés. Ajoutez la crème épaisse, les anchois, l'armagnac et les olives. Couvrez et laissez cuire 30 minutes à feu doux. Laissez légèrement refroidir.

/ Mixez grossièrement le contenu de la cocotte et versez-le dans un saladier. Ajoutez les œufs un par un en mélangeant bien et le poivre.

/ Versez la préparation dans une terrine beurrée. Couvrez-la et déposez-la dans un plat au bain-marie. Enfournez et faites cuire pendant 1 h 30.

/ Laissez refroidir la terrine puis réservez-la 24 heures au réfrigérateur avant de la déguster.

**Bon à savoir !**
*Accompagnez cette terrine d'un mesclun assaisonné d'une vinaigrette huile d'olive-citron. Vous pouvez la réaliser dans des terrines individuelles, faites-les alors cuire 45 minutes environ.*

# Terrine de foies de volaille

Préparation
15 minutes (la veille)
+ 24 heures au réfrigérateur

Cuisson
1 h 30

Ingrédients pour 1 terrine de 1 kg
500 g de foies de volaille
250 g de chair à saucisse
150 g de jambon cru
100 g de lardons
4 baies de genièvre
Une vingtaine de grains de coriandre
1 branche de thym
15 cl de madère
Beurre pour la terrine
2 cuillerées à café de sel

/ La veille, préchauffez le four à 180 °C (th. 6).
/ Nettoyez les foies de volaille et hachez-les. Hachez le jambon et les lardons.
/ Dans un saladier, mélangez les viandes hachées avec la chair à saucisse. Ajoutez les baies de genièvre, les grains de coriandre écrasés, le sel et le madère.
/ Versez la préparation dans une terrine beurrée et déposez la branche de thym par-dessus en appuyant légèrement.
/ Couvrez la terrine et placez-la dans un plat au bain-marie. Enfournez et faites cuire pendant 1 h 30.
/ Laissez refroidir la terrine puis réservez-la 24 heures au réfrigérateur avant de la déguster.

**Bon à savoir !**
*Vous pouvez ajouter le jus de 1 citron à la préparation. Servez cette terrine avec du pain aux noix.*

# Terrine de poulet en gelée

Préparation
30 minutes
+ 5 heures au réfrigérateur

Sans cuisson

Ingrédients pour 1 terrine de 1 kg
1 gros poulet rôti
3 carottes
10 cornichons
1 cuillerée à soupe de baies roses
1 bouquet d'estragon
1 bouquet de persil plat
1 sachet de gelée au madère

/ Dépiautez et désossez le poulet. Coupez la chair en petits morceaux.
/ Épluchez les carottes et coupez-les en fines rondelles. Détaillez également les cornichons en rondelles. Rincez et ciselez les herbes.
/ Chemisez la terrine de film alimentaire. Déposez dans le fond les carottes, les cornichons puis les herbes. Ajoutez les morceaux de poulet et les baies roses.
/ Préparez la gelée au madère comme indiqué sur le paquet. Laissez-la refroidir légèrement puis versez-la dans la terrine.
/ Réservez la terrine 5 heures au réfrigérateur avant de la déguster.

**Bon à savoir !**
*Cette terrine est parfaite pour emporter en pique-nique.*

# Terrine de pot-au-feu

Préparation
35 minutes
+ 6 heures au réfrigérateur

Cuisson
2 h 30

Ingrédients pour 1 terrine de 1 kg
800 g de paleron de bœuf
3 carottes
3 navets
1 poireau
100 g de céleri en branche
1 oignon
1 bouquet garni
4 feuilles de gélatine
1 cuillerée à soupe de gros sel
1 cuillerée à café de poivre en grains

/ Coupez la viande en petits cubes. Mettez-les dans une cocotte et recouvrez d'eau froide. Ajoutez l'oignon épluché, le bouquet garni, le gros sel et le poivre en grains. Couvrez et laissez cuire 2 heures à feu très doux.

/ Épluchez les légumes. Coupez les carottes en rondelles et les navets en quartiers ; émincez le céleri et le poireau en supprimant les feuilles dures. Ajoutez l'ensemble dans la cocotte et continuez la cuisson pendant 30 minutes.

/ Faites ramollir la gélatine dans un bol d'eau froide pendant 10 minutes.

/ Débarrassez la viande et les légumes dans un saladier en gardant 50 cl de bouillon dans la cocotte. Ajoutez la gélatine essorée et mélangez jusqu'à complète dissolution. Éteignez le feu.

/ Versez la viande et les légumes dans une terrine chemisée de film alimentaire. Versez le bouillon à la gélatine par-dessus.

/ Laissez refroidir la terrine puis réservez-la 6 heures au réfrigérateur avant de la dégustez.

**Bon à savoir !**
*Vous pouvez également réaliser cette terrine avec des restes de pot-au-feu.*

# Terrine d'agneau à la marocaine

**Préparation**
25 minutes (la veille)
+ 24 heures au réfrigérateur

**Cuisson**
1 h 30

**Ingrédients pour 1 terrine de 1 kg**
1 épaule d'agneau de 650 g
300 g d'abricots secs
100 g d'amandes effilées
3 œufs
3 cuillerées à soupe de raz-el-hanout
2 cuillerées à soupe de farine
1 cuillerée à soupe d'huile d'olive
Beurre pour la terrine
2 cuillerées à café de sel
1 cuillerée à café de poivre du moulin

/ La veille, préchauffez le four à 180 °C (th. 6).

/ Faites dorer à sec les amandes 5 minutes environ à feu doux dans une poêle chaude en surveillant bien la cuisson. Débarrassez aussitôt sur une assiette.

/ Coupez l'épaule d'agneau en petits morceaux. Faites-les revenir à la poêle dans l'huile d'olive 5 minutes à feu vif en remuant.

/ Dans un saladier, mélangez la viande, les abricots secs, le sel, le poivre et le raz-el-hanout. Ajoutez les œufs, la farine et les amandes effilées. Versez le mélange dans le bol d'un robot et mixez grossièrement.

/ Déposez la préparation dans une terrine beurrée. Couvrez-la et placez-la dans un plat au bain-marie. Enfournez et faites cuire pendant 1 h 30.

/ Laissez refroidir la terrine puis réservez-la 24 heures au réfrigérateur avant de la déguster.

**Bon à savoir !**
*Selon vos goûts, vous pouvez ajouter d'autres fruits secs dans cette terrine (figues, raisins...).*

# Mousse de foies

Préparation
15 minutes
+ 6 heures au réfrigérateur

Cuisson
15 minutes

Ingrédients pour 1 terrine de 1 kg
750 g de foies de volaille
2 branches de céleri
2 oignons
3 gousses d'ail
Le jus de 1 citron
30 cl de vin blanc
10 cl de cognac
250 g de beurre demi-sel
2 cuillerées à café de sel
1 cuillerée à café de poivre du moulin

/ Nettoyez les foies de volaille.

/ Pelez et émincez finement les oignons et l'ail. Coupez le céleri en petits dés.

/ Dans une poêle, faites revenir les oignons, l'ail et le céleri avec 50 g de beurre 5 minutes à feu vif. Ajoutez les foies de volaille et laissez-les cuire 5 minutes environ à feu vif en remuant. Salez et poivrez.

/ Quand les foies sont bien dorés, déglacez la poêle avec le vin blanc. Laissez cuire encore 5 minutes à feu moyen pour que le vin s'évapore.

/ Mixez finement le contenu de la poêle avec le reste de beurre, le jus de citron et le cognac.

/ Déposez la préparation dans une terrine chemisée de film alimentaire et laissez reposer 6 heures au réfrigérateur avant de la déguster.

**Bon à savoir !**
*Servez cette terrine à l'apéritif avec du vin rouge.*
*Vous pouvez la réaliser dans des ramequins individuels.*

# Terrine de canard aux pommes

Préparation
25 minutes (la veille)
+ 24 heures au réfrigérateur

Cuisson
1 h 30

Ingrédients pour 1 terrine de 1 kg
650 g de filets de canard sans la peau
150 g de lardons
2 petites pommes à cuire
2 cuillerées à café de quatre-épices
1 branche de romarin
2 cuillerées à soupe de cognac
1 cuillerée à soupe de graisse de canard
10 g de beurre + un peu de beurre pour la terrine
1 cuillerée à café de sucre semoule
2 cuillerées à café de sel
1 cuillerée à café de poivre du moulin

/ La veille, préchauffez le four à 180 °C (th. 6).
/ Épluchez les pommes, coupez-les en quartiers et épépinez-les ; coupez chaque quartier en deux.
/ Dans une poêle, faites revenir les pommes avec le beurre 5 minutes à feu moyen. Saupoudrez de sucre et de quatre-épices. Laissez cuire 5 minutes à feu doux.
/ Hachez les filets de canard et les lardons.
/ Dans un saladier, mélangez les viandes hachées, les pommes refroidies, la graisse de canard, le cognac, le sel et le poivre.
/ Versez la préparation dans une terrine beurrée et déposez la branche de romarin par-dessus en appuyant légèrement.
/ Placez la terrine avec son couvercle dans un plat au bain-marie. Enfournez et faites cuire 1 h 30.
/ Laissez refroidir la terrine puis réservez-la 24 heures au réfrigérateur avant de la déguster.

**Bon à savoir !**
*Pour une terrine plus light, supprimez la graisse de canard. Servez avec une vinaigrette sucrée-salée (voir recette à la fin du livre).*

# Terrine de campagne

Préparation
20 minutes (la veille)
+ 24 heures au réfrigérateur

Cuisson
1 h 30

Ingrédients pour 1 terrine de 1 kg
600 g de viande de porc (filet)
200 g de jambon blanc
100 g de lardons
2 œufs
1 gousse d'ail
1 cuillerée à soupe de farine
Beurre pour la terrine
2 cuillerées à café de sel
1 cuillerée à café de poivre du moulin

/ La veille, préchauffez le four à 180 °C (th. 6).
/ Hachez le porc, le jambon et les lardons.
/ Pelez et hachez finement la gousse d'ail.
/ Dans un saladier, mélangez soigneusement les viandes hachées avec les œufs, l'ail et la farine. Salez et poivrez.
/ Déposez la préparation dans une terrine beurrée. Couvrez-la et placez-la dans un plat au bain-marie. Enfournez et faites cuire pendant 1 h 30.
/ Laissez refroidir la terrine puis réservez-la 24 heures au réfrigérateur avant de la déguster.

**Bon à savoir !**
*Vous pouvez saupoudrer la terrine de baies roses concassées au moment de la servir. Servez avec une vinaigrette au curry (voir recette à la fin du livre).*

# Terrine de thon aux poivrons

Préparation
20 minutes
+ 6 heures au réfrigérateur

Cuisson
6 minutes

Ingrédients pour 1 terrine de 1 kg
500 g de filet de thon
2 poivrons rouges
2 poivrons jaunes
2 poivrons verts
1 sachet de gelée de poisson
(ou gelée Cristal)
2 cuillerées à soupe d'huile d'olive
Sel, poivre du moulin

/ Lavez les poivrons. Coupez-les en deux, épépinez-les et taillez-les en lamelles.
/ Coupez le filet de thon en rectangles de 1 cm sur 10 environ.
/ Faites revenir les poivrons dans une poêle avec l'huile d'olive 5 minutes environ à feu moyen. Salez et poivrez. Ajoutez le thon, mélangez et laissez cuire 1 minute.
/ Préparez la gelée de poisson en suivant les indications du sachet.
/ Déposez la préparation thon-poivrons dans une terrine chemisée de film alimentaire puis recouvrez de gelée de poisson.
/ Réservez la terrine 6 heures au réfrigérateur avant de la déguster.

**Bon à savoir !**
*Vous pouvez remplacer le poivre par du piment d'Espelette.*

# Terrine de sardines

Préparation
20 minutes
+ 6 heures au réfrigérateur

Sans cuisson

Ingrédients pour 1 terrine de 1 kg
400 g de sardines à l'huile
2 citrons confits
200 g de tomates cerises
250 g de fromage frais
(type St Môret®)
100 g de fromage blanc
½ bouquet de coriandre
Sel, poivre du moulin

/ Coupez les citrons confits en petits dés.
/ Lavez les tomates cerises et coupez-les en petits morceaux. Lavez et ciselez la coriandre.
/ Égouttez les sardines. Écrasez-les à la fourchette dans un saladier.
/ Ajoutez les deux fromages. Salez, poivrez puis incorporez les citrons confits, les tomates cerises et la coriandre. Mélangez bien le tout.
/ Versez la préparation dans une terrine chemisée de film alimentaire et réservez-la 6 heures minimum au réfrigérateur avant de la déguster.

**Bon à savoir !**
*Tartinée sur du pain de seigle toasté, cette terrine est un délice !*

# Terrine de rougets

Préparation
30 minutes
+ 5 heures au réfrigérateur

Cuisson
8 minutes

Ingrédients pour 1 terrine de 1 kg
500 g de filets de rouget
140 g de tomates confites
100 g de pignons de pin
40 g de parmesan
2 cuillerées à soupe de tapenade
1 bouquet de basilic
2 cuillerées à soupe d'huile d'olive

/ Préchauffez le four à 180 °C (th. 6).

/ Lavez et effeuillez le basilic.

/ Dans une poêle chaude, faites dorer les pignons de pin à sec 3 à 4 minutes à feu doux en surveillant bien la cuisson. Débarrassez aussitôt sur une assiette.

/ Retirez soigneusement les arêtes du rouget. Badigeonnez les filets d'huile d'olive et disposez-les dans un grand plat allant au four. Enfournez et faites cuire 8 minutes. Laissez refroidir.

/ Chemisez une terrine de film transparent. Tapissez le fond de tomates confites et de feuilles de basilic. Recouvrez d'une couche de filets de rouget. Ajoutez la tapenade, les pignons de pin et terminez par une couche de rouget en tassant bien. Réservez la terrine 5 heures au réfrigérateur avant de la déguster.

/ Au moment de servir, démoulez la terrine et parsemez de copeaux de parmesan.

**Bon à savoir !**
*Dégustez cette terrine avec des gressins ou une ficelle bien fraîche.*

# Terrine de Saint-Jacques

**Préparation**
30 minutes (la veille)
+ 24 heures au réfrigérateur

**Cuisson**
1 heure

**Ingrédients pour 1 terrine de 1 kg**
750 g de noix de Saint-Jacques
4 blancs d'œufs
30 g de fenouil
½ bouquet d'aneth
½ bouquet de ciboulette
Le jus de 1 citron
25 cl de crème épaisse
10 g de beurre + un peu pour la terrine
Sel, poivre du moulin

/ La veille, préchauffez le four à 180 °C (th. 6).

/ Lavez et émincez le fenouil. Faites revenir les Saint-Jacques à la poêle dans le beurre avec le fenouil 1 minute de chaque côté à feu vif. Salez et poivrez.

/ Mixez la moitié des Saint-Jacques avec la crème épaisse.

/ Lavez et ciselez grossièrement la ciboulette et l'aneth.

/ Montez les blancs d'œufs en neige ferme puis incorporez-les délicatement aux Saint-Jacques mixées. Ajoutez les Saint-Jacques entières, la ciboulette, l'aneth et le jus de citron.

/ Déposez la préparation dans une terrine beurrée. Couvrez-la et placez-la dans un plat au bain-marie. Enfournez et faites cuire pendant 1 heure.

/ Laissez refroidir la terrine puis réservez-la 24 heures au réfrigérateur avant de la déguster.

**Bon à savoir !**
*Pour cette terrine, préférez les noix de Saint-Jacques fraîches.*
*Servez avec une sauce aux herbes (voir recette à la fin du livre).*

# Terrine de lotte tomatée

**Préparation**
30 minutes (la veille)
+ 24 heures au réfrigérateur

**Cuisson**
30 minutes

**Ingrédients pour 1 terrine de 1 kg**
750 g de lotte
5 œufs
1 carotte
1 oignon
1 bouquet de persil
1 feuille de laurier
50 cl de vin blanc
4 cuillerées à soupe de concentré de tomates
2 cuillerées à café de Tabasco®
Beurre pour la terrine
1 cuillerée à soupe de gros sel

/ La veille, retirez la peau noire de la lotte avec un couteau. Épluchez la carotte et coupez-la en rondelles.

/ Versez 1,5 litre d'eau froide dans une cocotte. Ajoutez le vin, l'oignon épluché, la carotte, le gros sel, le bouquet de persil et le laurier. Faites cuire la lotte 15 minutes à petits frémissements.

/ Préchauffez le four à 210 °C (th. 7).

/ Égouttez la lotte et émiettez la chair à la fourchette dans un saladier. Ajoutez les œufs un par un en mélangeant bien. Incorporez le concentré de tomates et le Tabasco®.

/ Déposez la préparation dans une terrine beurrée. Couvrez-la et placez-la dans un plat au bain-marie. Enfournez et faites cuire pendant 30 minutes.

/ Laissez refroidir la terrine puis réservez-la 24 heures au réfrigérateur avant de la déguster.

**Bon à savoir !**
*Servez cette terrine avec une sauce ketchup (voir recette à la fin du livre).*

# Terrine de crevettes coco-citron

Préparation
50 minutes (la veille)
+ 24 heures au réfrigérateur

Cuisson
1 heure

Ingrédients pour 1 terrine de 1 kg
250 g de grosses crevettes décortiquées
500 g de cabillaud
3 œufs
1 morceau de gingembre de 3 cm
1 bouquet de ciboulette
1 sachet de court-bouillon
40 cl de lait de coco
Le jus de 3 citrons verts
Beurre pour la terrine
2 cuillerées à soupe d'huile d'olive
Sel, poivre du moulin

/ Préparez le court-bouillon dans une cocotte et faites-y cuire le cabillaud 20 minutes à petits frémissements.
/ Lavez et ciselez la ciboulette. Épluchez le gingembre et râpez-le finement.
/ Dans une sauteuse, faites revenir à l'huile d'olive les crevettes avec le gingembre 3 à 4 minutes à feu vif. Salez et poivrez. Ajoutez le lait de coco et le jus de citron vert, couvrez, puis laissez cuire 20 minutes à feu doux.
/ La veille, préchauffez le four à 180 °C (th. 6).
/ Égouttez les crevettes et réservez-les. Mixez le cabillaud avec le lait de coco. Ajoutez la ciboulette ciselée. Versez dans un saladier et ajoutez les œufs un par un puis les crevettes.
/ Déposez la préparation dans une terrine beurrée et couvrez-la. Placez-la dans un plat au bain-marie, enfournez et faites cuire pendant 1 heure.
/ Laissez refroidir la terrine puis réservez-la 24 heures au réfrigérateur avant de la déguster.

**Bon à savoir !**
*Cette terrine aux saveurs asiatiques fera voyager vos papilles. Servez avec une vinaigrette au curry (voir recette à la fin du livre).*

# Terrine de carottes à l'orange

Préparation
20 minutes
+ 3 heures au réfrigérateur

Cuisson
15 minutes

Ingrédients pour 1 terrine de 1 kg
700 g de carottes
100 g de raisins secs blonds
2 cuillerées à café de graines de cumin
4 feuilles de gélatine
Le jus de 3 oranges
Sel, poivre du moulin

/ Faites ramollir la gélatine dans un bol d'eau froide pendant 10 minutes.
/ Mettez les raisins secs et le cumin à tremper dans le jus d'orange.
/ Pendant ce temps, épluchez les carottes et coupez-les en rondelles. Faites-les cuire à la vapeur pendant 15 minutes.
/ Mixez la moitié des carottes en purée.
/ Faites chauffer le jus d'orange avec les raisins et le cumin dans une petite casserole à feu doux. Quand il est bien chaud, ajoutez la gélatine essorée et mélangez jusqu'à complète dissolution.
/ Dans un saladier, mélangez la purée de carottes et les carottes en rondelles. Ajoutez le jus d'orange gélifié. Salez, poivrez et mélangez.
/ Versez la préparation dans une terrine chemisée de film alimentaire et laissez prendre 3 heures au réfrigérateur avant de la déguster.

**Bon à savoir !**
*Vous pouvez réaliser cette recette dans des terrines individuelles. Servez-les en entrée.*

# Terrine de confit d'oignons rouges

Préparation
40 minutes

Cuisson
30 minutes

Ingrédients pour 1 terrine de 1 kg
500 g d'oignons rouges
1 rouleau de pâte feuilletée (250 g)
150 g de fromage de chèvre frais
50 g de pistaches décortiquées concassées
1 cuillerée à café de cannelle en poudre
25 cl de cidre brut
50 g de crème épaisse
2 cuillerées à soupe de miel liquide
1 cuillerée à soupe d'huile d'olive
Beurre pour la terrine
Sel, poivre du moulin

/ Épluchez les oignons et émincez-les. Faites-les suer dans une poêle avec l'huile d'olive 5 minutes à feu moyen. Ajoutez le miel, la cannelle et le cidre. Mélangez, couvrez et faites compoter 30 minutes à feu très doux. Laissez refroidir.

/ Préchauffez le four à 240 °C (th. 8) avec un plat de bain-marie pouvant accueillir la terrine.

/ Dans un saladier, mélangez-le fromage de chèvre et la crème épaisse. Salez et poivrez.

/ Déposez les oignons confits dans le fond d'une terrine beurrée. Recouvrez du mélange au fromage de chèvre, puis ajoutez les pistaches. Recouvrez de pâte feuilletée en enfonçant le bord sur le pourtour de la terrine. Enfournez dans le plat au bain-marie et faites cuire pendant 30 minutes.

/ Laissez reposer la terrine 10 minutes avant de démouler.

**Bon à savoir !**
*Cette terrine peut se déguster tiède ou froide. Servez-la avec un chutney de figues.*

# Terrine aux asperges

Préparation
20 minutes
+ 12 heures au réfrigérateur

Cuisson
30 minutes

Ingrédients pour 1 terrine de 1 kg
800 g d'asperges vertes
5 œufs
150 g de gruyère râpé
250 g de crème épaisse
Beurre pour la terrine
Sel, poivre du moulin

/ Préchauffez le four à 180 °C (th. 6).
/ Nettoyez les asperges et faites-les cuire 15 à 20 minutes à la vapeur.
/ Pendant ce temps, battez les œufs avec la crème fraîche dans un saladier. Ajoutez le gruyère râpé. Salez modérément et poivrez.
/ Coupez les asperges en tronçons (laissez-les entières si elles sont petites) et incorporez-les à la préparation.
/ Versez la préparation dans une terrine beurrée. Couvrez-la et déposez-la dans un plat au bain-marie. Enfournez et faites cuire pendant 30 minutes.
/ Laissez refroidir la terrine puis réservez-la 12 heures au réfrigérateur avant de la déguster.

**Bon à savoir !**
*Pour varier, vous pouvez remplacer le gruyère par tout autre fromage râpé. Servez cette terrine avec un coulis de tomates ou un coulis de poivrons (voir recettes à la fin du livre).*

# Terrine de concombres et Boursin®

**Préparation**
35 minutes
+ 1 heure de prise en gelée
+ 4 heures au réfrigérateur

**Cuisson**
5 minutes

**Ingrédients pour 1 terrine de 1 kg**
3 concombres
300 g de Boursin®
1 bouquet de menthe fraîche
150 g de coulis de tomates
100 g de fromage blanc
100 g de crème épaisse
2 feuilles de gélatine

/ Faites ramollir la gélatine dans un bol d'eau froide pendant 10 minutes.
/ Faites chauffer le coulis de tomates dans une petite casserole à feu doux. Quand il est bien chaud, ajoutez la gélatine essorée et mélangez jusqu'à complète dissolution.
/ Chemisez une terrine de film alimentaire. Versez la préparation à la tomate dans le fond de la terrine et faites prendre 1 heure au réfrigérateur.
/ Lavez les concombres et coupez-les en deux dans la longueur. Enlevez les pépins puis taillez-les en fines lamelles à l'aide d'une mandoline (ou d'un économe).
/ Rincez et ciselez la menthe. Gardez-en un peu pour le décor.
/ Dans un saladier, mélangez le Boursin®, le fromage blanc et la crème fraîche. Ajoutez la menthe ciselée.
/ Sortez la terrine du réfrigérateur. Sur le coulis de tomates pris en gelée, déposez la préparation au Boursin®. Recouvrez de plusieurs couches de lamelles de concombre (gardez-en quelques-unes pour le décor).
/ Réservez la terrine 4 heures au réfrigérateur avant de démouler.
/ Décorez de lamelles de concombre et de menthe ciselée.

**Bon à savoir !**
*Vous pouvez aussi réaliser cette recette avec des courgettes.*

# Terrine de poireaux et lentilles corail

**Préparation**
30 minutes
+ 12 heures au réfrigérateur

**Cuisson**
40 minutes

**Ingrédients pour 1 terrine de 1 kg**
2 petits poireaux
150 g de lentilles corail
2 tomates
3 œufs
1 cuillerée à soupe de paprika doux
150 g de crème épaisse
2 cuillerées à soupe d'huile d'olive
Beurre pour la terrine
Sel, poivre du moulin

/ Préchauffez le four à 240 °C (th. 8).
/ Plongez les lentilles dans une casserole d'eau froide et faites-les cuire 10 minutes. Salez en fin de cuisson.
/ Coupez les poireaux en rondelles et les tomates en dés.
/ Dans une poêle, faites revenir les poireaux dans l'huile d'olive 5 minutes à feu doux. Ajoutez les tomates et laissez cuire encore 5 minutes. Laissez refroidir.
/ Égouttez les lentilles corail et laissez refroidir.
/ Dans un saladier, battez les œufs avec la crème épaisse. Ajoutez le paprika, les légumes et les lentilles. Salez et poivrez.
/ Versez la préparation dans une terrine beurrée. Couvrez, enfournez dans un plat au bain-marie, enfournez et faites cuire pendant 40 minutes.
/ Laissez refroidir la terrine et réservez-la 12 heures au réfrigérateur avant de la déguster.

**Bon à savoir !**
*Si vous n'avez pas de lentilles corail, réalisez cette terrine avec des lentilles vertes. Servez-la avec un coulis de tomates (voir recette à la fin du livre).*

# Terrine de Petit Billy®

Préparation
20 minutes

Cuisson
3 à 4 minutes
+ 2 heures au réfrigérateur

Ingrédients pour 1 terrine de 1 kg
800 g de Petit Billy®
140 g de tomates confites
100 g de pignons de pin
1 poignée de roquette
2 échalotes
1 pincée de piment d'Espelette
1 bouquet de ciboulette
3 cuillerées à soupe de miel liquide
2 cuillerées à soupe d'huile d'olive
Sel

/ Dans une poêle chaude, faites dorer les pignons de pin à sec 3 à 4 minutes à feu doux en surveillant bien. Débarrassez aussitôt sur une assiette.

/ Pelez et hachez les échalotes. Rincez et ciselez la roquette et la ciboulette. Coupez les tomates confites en lanières.

/ Dans un saladier, mélangez le Petit Billy®, l'huile d'olive et le miel à la fourchette. Salez et saupoudrez de piment d'Espelette. Ajoutez les échalotes, la ciboulette, la roquette, les tomates confites et les pignons de pin. Mélangez bien le tout.

/ Versez la préparation dans une terrine chemisée de film alimentaire en tassant bien. Réservez 2 heures au réfrigérateur avant de la déguster.

**Bon à savoir !**
*Cette terrine est idéale à l'apéritif ou pour remplacer le fromage pendant le repas.*

# Terrine de fèves et artichauts

Préparation
30 minutes
+ 12 heures au réfrigérateur

Cuisson
40 minutes

Ingrédients pour 1 terrine de 1 kg
500 g de fonds d'artichauts
350 g de fèves épluchées surgelées
4 œufs
250 g de ricotta
100 g de parmesan
3 échalotes
1 cuillerée à café de cumin en poudre
Beurre pour la terrine
2 cuillerées à soupe d'huile d'olive
Sel, poivre du moulin

/ Plongez les fèves dans une casserole d'eau bouillante. Faites-les cuire 10 minutes environ à feu moyen. Salez et égouttez les fèves.
/ Préchauffez le four à 180 °C (th. 6).
/ Épluchez les échalotes et émincez-les. Faites-les revenir dans une sauteuse avec l'huile d'olive 10 minutes à feu moyen. Ajoutez les fonds d'artichauts et les fèves. Salez, poivrez et faites cuire 5 minutes à feu doux en remuant de temps en temps. Laissez refroidir puis coupez les fonds d'artichauts en morceaux.
/ Dans un saladier, battez les œufs avec la ricotta. Ajoutez les artichauts, les fèves, le parmesan coupé en copeaux et le cumin. Salez, poivrez et mélangez le tout.
/ Versez la préparation dans une terrine beurrée. Couvrez la terrine et déposez-la dans un plat au bain-marie. Enfournez et faites cuire 40 minutes.
/ Laissez refroidir la terrine puis réservez-la 12 heures au réfrigérateur avant de la déguster.

**Bon à savoir !**
*Vous pouvez accompagner cette terrine de coulis de tomates ou de poivrons (voir recettes à la fin du livre).*

# Terrine de mousse de framboises

**Préparation**
30 minutes
+ 4 heures au réfrigérateur

**Cuisson**
5 minutes

**Ingrédients pour 1 terrine de 1 kg**
500 g de framboises
(fraîches ou surgelées)
500 g de fromage blanc
3 blancs d'œufs
1 pincée de cardamome en poudre
4 feuilles de gélatine
120 g de sucre semoule

/ Faites ramollir la gélatine dans un bol d'eau froide pendant 10 minutes.
/ Faites cuire 300 g de framboises dans une casserole 5 minutes environ à feu très doux afin de les réduire en purée. Ajoutez la gélatine essorée et mélangez jusqu'à complète dissolution.
/ Dans un saladier, mélangez le fromage blanc, le sucre et la cardamome.
/ Montez les blancs en neige ferme.
/ Mélangez la purée de framboises et le fromage blanc. Ajoutez le reste des framboises entières. Incorporez délicatement les blancs en neige.
/ Versez la préparation dans une terrine chemisée de film alimentaire.
Laissez reposer la terrine 4 heures au réfrigérateur avant de la déguster, démoulée ou non.

**Bon à savoir !**
*Les plus gourmands accompagneront cette terrine d'un coulis de framboises. Vous pouvez réaliser cette terrine dans des ramequins individuels ou de jolis verres.*

# Terrine de mangues

Préparation
30 minutes
+ 4 heures au réfrigérateur

Cuisson
15 minutes

Ingrédients pour 1 terrine de 1 kg
3 mangues
6 jaunes d'œufs
2 gousses de vanille
5 feuilles de gélatine
1 litre de lait
150 g de sucre semoule

/ Faites ramollir la gélatine dans un bol d'eau froide pendant 10 minutes.
/ Épluchez les mangues et coupez-les en morceaux. Fendez les gousses de vanille et grattez les graines dans le lait.
/ Dans une casserole, portez le lait à ébullition avec les gousses de vanille.
/ Dans un saladier, fouettez les jaunes d'œufs et le sucre jusqu'à ce que le mélange blanchisse. Ôtez les gousses de vanille et versez lentement le lait bouillant vanillé en fouettant légèrement.
/ Transvasez la préparation dans une casserole et faites cuire 8 à 10 minutes à feu très doux sans cesser de remuer jusqu'à ce que la crème nappe la cuillère. Ajoutez la gélatine essorée et mélangez jusqu'à complète dissolution.
/ Versez la préparation dans une terrine chemisée de film alimentaire. Ajoutez les morceaux de mangues.
/ Réservez la terrine 4 heures au réfrigérateur avant de la déguster, démoulée ou non.

**Bon à savoir !**
*En été, n'hésitez pas à ajouter quelques fruits rouges à la préparation.*

# Terrine de pommes vertes

**Préparation**
25 minutes
+ 4 heures au réfrigérateur

**Cuisson**
5 minutes

**Ingrédients pour 1 terrine de 1 kg**
2 pommes vertes
750 g de compote de pommes
2 blancs d'œufs
4 feuilles de gélatine
100 g de sucre semoule

/ Faites ramollir la gélatine dans un bol d'eau froide pendant 10 minutes.
/ Dans une casserole, faites chauffer la compote de pommes avec le sucre à feu doux. Quand elle est bien chaude, ajoutez la gélatine essorée et mélangez jusqu'à complète dissolution.
/ Montez les blancs en neige ferme puis incorporez-les délicatement à la compote.
/ Versez la préparation dans une terrine chemisée de film alimentaire.
/ Réservez la terrine 4 heures au réfrigérateur.
/ Épluchez les pommes et coupez-les en deux puis en fines tranches.
/ Démoulez la terrine et disposez par-dessus les tranches de pommes.

**Bon à savoir !**
*Préparez des éclats de caramel pour décorer cette terrine. Vous pouvez la réaliser dans des moules individuels.*

# Cheesecake en terrine

Préparation
30 minutes
+ 4 heures au réfrigérateur

Cuisson
45 minutes

Ingrédients pour 1 terrine de 1 kg
300 g de fromage blanc
150 g de spéculos
2 œufs
1 cuillerée à soupe de Maïzena®
2 cuillerées à soupe de marmelade d'oranges
Le zeste râpé et le jus de ½ orange (non traitée)
50 g de beurre + un peu pour la terrine
100 g de sucre semoule

/ Préchauffez le four à 180 °C (th. 6).
/ Mixez les spéculos avec le beurre. Étalez cette pâte dans le fond d'une terrine beurrée, en tassant bien.
/ Délayez la Maïzena® dans 1 cuillerée à café d'eau.
/ Séparez les blancs d'œufs des jaunes. Dans un saladier, mélangez les jaunes, le sucre, le fromage blanc, la Maïzena® délayée, le zeste et le jus d'orange.
/ Montez les blancs en neige ferme et incorporez-les délicatement au mélange.
/ Versez la préparation dans la terrine sur les spéculos. Enfournez et faites cuire 45 minutes.
/ Laissez refroidir la terrine et réservez-la 4 heures au réfrigérateur.
/ Démoulez-la et nappez-la de marmelade d'oranges.

**Bon à savoir !**
*Vous pouvez remplacer les spéculos par des sablés au beurre, type Roudor®.*

# Terrine aux 3 chocolats

Préparation
30 minutes
+ 4 heures au réfrigérateur

Cuisson
15 minutes

Ingrédients pour 1 terrine de 1 kg
70 g de chocolat au lait
70 g de chocolat noir à pâtisser
70 g de chocolat blanc
4 œufs
3 feuilles de gélatine
15 cl de crème liquide très froide

/ Faites ramollir la gélatine dans un bol d'eau froide pendant 10 minutes.

/ Fouettez la crème en chantilly.

/ Séparez les blancs d'œufs des jaunes. Montez les blancs en neige ferme.

/ Dans une casserole, au bain-marie, faites fondre le chocolat au lait en morceaux 5 minutes à feu doux. Hors du feu, ajoutez 1 feuille de gélatine essorée et mélangez jusqu'à complète dissolution. Ajoutez 1 jaune d'œuf, puis incorporez délicatement la moitié des blancs en neige. Versez cette préparation dans une terrine chemisée de film alimentaire.

/ Faites fondre le chocolat blanc. Ajoutez 1 feuille de gélatine, 1 jaune d'œuf, puis incorporez délicatement la chantilly. Versez cette préparation sur la couche de chocolat au lait.

/ Pour le chocolat noir, procédez de façon identique au chocolat au lait en ajoutant la dernière feuille de gélatine, le reste des jaunes d'œufs et des blancs en neige. Versez cette 3e couche dans la terrine.

/ Réservez la terrine 4 heures au réfrigérateur avant de la déguster.

**Bon à savoir !**
*Vous pouvez réaliser cette terrine dans des petits pots en verre individuels.*

# Terrine de chocolat noir et biscuits

**Préparation**
20 minutes

**Cuisson**
30 minutes

**Ingrédients pour 1 terrine de 1 kg**
200 g de chocolat noir à pâtisser
1 paquet de biscuits type galettes bretonnes
4 œufs
2 cuillerées à soupe de farine
+ un peu pour la terrine
200 g de beurre
+ un peu pour la terrine
200 g de sucre semoule

/ Préchauffez le four à 180 °C (th. 6).
/ Cassez le chocolat en morceaux. Émiettez les biscuits (au rouleau à pâtisserie).
/ Dans une casserole, au bain-marie, faites fondre le chocolat avec le beurre 10 minutes à feu doux.
/ Hors du feu, ajoutez le sucre et fouettez. Incorporez les œufs un à un en mélangeant bien. Ajoutez la farine tamisée puis les biscuits émiettés.
/ Versez la préparation dans une terrine beurrée et farinée. Déposez-la dans un plat au bain-marie. Enfournez et faites cuire pendant 30 minutes.
/ Laissez refroidir la terrine avant de la déguster.

**Bon à savoir !**
*Cette terrine sera encore meilleure si vous avez la patience d'attendre le lendemain pour la déguster.*

VOICI QUELQUES SAUCES ET COULIS POUR ACCOMPAGNER VOS TERRINES (quantités pour 1 tasse, soit 25 cl environ) :

- **Coulis de tomates :** pelez 1 kg de tomates et 1 oignon. Coupez les tomates en quartiers et l'oignon en lamelles. Faites-les cuire dans une casserole avec des herbes de Provence, du sel et du poivre 20 minutes à feu moyen. Mixez finement puis passez le coulis dans une passoire.
- **Sauce ketchup :** dans un bol, mélangez 2 yaourts brassés, 3 cuillerées à soupe de ketchup, du sel et du poivre.
- **Sauce aux herbes :** dans un bol, mélangez 2 yaourts brassés, 2 cuillerées à soupe de crème épaisse, 6 brins de ciboulette, 3 brins de persil et 3 brins de coriandre ciselés.
- **Coulis de poivrons :** épépinez 2 gros poivrons rouges et coupez-les en gros morceaux. Plongez 2 tomates quelques secondes dans une casserole d'eau bouillante ; pelez-les, épépinez-les et coupez-les en morceaux. Épluchez 2 petits oignons et coupez-les en quatre. Faites cuire poivrons, tomates et oignons dans une casserole avec un peu d'eau salée 10 minutes à feu doux. Mixez le tout avec un peu d'eau de cuisson. Salez, poivrez et incorporez 1 cuillerée à soupe de crème fraîche.
- **Vinaigrette au curry :** dans un bol, mélangez 10 cuillerées à soupe d'huile d'olive, 4 cuillerées à soupe de vinaigre balsamique, 2 cuillerées à café de curry en poudre, 2 pincées de sel et 2 tours de moulin à poivre.
- **Vinaigrette sucrée-salée :** dans un bol, mélangez 10 cuillerées à soupe d'huile d'olive, 4 cuillerées à soupe de vinaigre balsamique, 1 cuillerée à café de sauce soja, 1 cuillerée à soupe de miel et du poivre.

# Remerciements

Merci à Barbara Sabatier, à Audrey et à Aurélie des éditions Mango pour m'avoir permis de réaliser ce livre et pour tous leurs précieux conseils.

Merci à ma famille et à mes amis fins gourmets pour avoir goûté les terrines.

Merci enfin à Régis Baudonnet pour ses belles photos et son enthousiasme !